Tommaso Boca

Integrazione Sessuale e Norma Morale Concreta

Tommaso Boca

Integrazione Sessuale e Norma Morale Concreta

Sulla natura della sessualità e la funzione della norma morale

Edizioni Sant'Antonio

Imprint

Cover image: www.ingimage.com

Publisher:
Edizioni Accademiche Italiane
is a trademark of
International Book Market Service Ltd., member of OmniScriptum Publishing Group
17 Meldrum Street, Beau Bassin 71504, Mauritius

Printed at: see last page
ISBN: 978-620-2-00099-4

BOCA TOMMASO

Integrazione Sessuale
e
Norma Morale Concreta

su la natura della sessualità

e il compito della norma morale

*** *** ***

In Copertina:

La Creazione di Adamo – Dettaglio

Riproduzione artistica dell'affresco di Michelangelo

dipinto sulla volta della Cappella Sistina.

Ex Ir.gimage.

INTEGRAZIONE SESSUALE

E

NORMA MORALE CONCRETA

Saggio del sacerdote Tommaso Boca

su la natura della sessualità

e

il compito della norma morale.

ABBREVIAZIONI E SIGLE

CCC *Catechismo della Chiesa Cattolica,* Libreria Editrice Vaticana, Città del Vaticano 1992.

DH CONCILIO VATICANO II, Dichiarazione sulla libertà religiosa *Digntatis humanae*.

EV *Enchiridion Vaticanum.Documenti ufficiali della Santa Sede*, EDB, Bologna 1976ss.

FC GIOVANNI PAOLO II, Esortazione apostolica sui compiti della famiglia cristiana nel mondo d'oggi *Familiaris consortio* (22 novembre 1981).

FR GIOVANNI PAOLO II, Lettera enciclica *Fides et ratio* (14 settembre 1998).

GS CONCILIO VATICANO II, Costituzione pastorale sulla chiesa nel mondo contemporaneo *Gaudium et spes*.

HV PAOLO VI, Lettera enciclica *Humanae vitae* (25 luglio 1968).

PH CONGREGAZIONE PER LA DOTTRINA DELLA FEDE, Dichiarazione su alcuni problemi di etica sessuale *Persona humana* (29 dicembre 1975).

SRS GIOVANNI PAOLO II, Lettera enciclica *Sollicitudo rei socialis* (30 dicembre 1987).

VS GIOVANNI PAOLO II, Lettera enciclica *Veritatis splendor* (6 agosto 1993).

edd. curatori.

ss. e seguenti.

INTRODUZIONE

C'è un divario molto profondo tra la dottrina ufficiale della Chiesa e le credenze e la pratica del cristiano riguardo alla sessualità. Tale problema si colloca in un ambiente sociale che registra una seria crisi del matrimonio e della famiglia, una mentalità largamente diffusa ostile alla vita ed insieme una spaventosa libertà sessuale.

Alla base di questa situazione si trova una comprensione completamente trasformata, rispetto al recente passato, della sessualità umana. A partire dagli anni '60, scardinando i fondamenti della morale tradizionale, si cominciò a ritenere la sessualità come semplice bene di consumo e mezzo per raggiungere il piacere.

La soddisfazione dell'impulso sessuale fu propagandata come la via alla felicità e al vero sviluppo della personalità. Valori come l'autocontrollo e la castità furono accettati sempre meno. Molti ritenevano la continenza sessuale come innaturale e non vivibile.

Successivamente l'esercizio della sessualità fu distaccato sempre più dal matrimonio e dalla procreazione. Si affermò che la vecchia comprensione della sessualità apparteneva ad un'altra cultura. Anche le affermazioni bibliche, e ciò in modo generalizzato e dunque non corretto[1], dovevano essere considerate nel loro contesto

[1] Ci sono infatti le norme paradigmatiche e le norme generali – tra queste *il non divorziare* –, che hanno un valore assoluto: cfr. I. FUČEK, *La sessualità al servizio dell'amore. Antropologia e criteri teologici*, Dehoniane, Roma 1993, 115.

storico e non potevano essere intese come verità morali a-temporali.

Questa diversa comprensione ha le sue radici su un fattore in sé positivo: sull'acquisizione da parte di larghi strati della popolazione di un'autonomia economica e sociale che ha portato a vivere e a riconoscere, con maggiore ampiezza e profondità, la propria libertà.

Solo che questa non è stata correlata alla verità metafisica dell'uomo ma alla sua dimensione psico-fisica; insieme si è verificato un distacco da Dio[2], oscurato dal benessere materiale e dalla beatitudine del piacere[3]. Per tali motivi si è perduto ogni riferimento alla verità, tanto ontologica che rivelata, e conseguentemente si è perduto ogni legame col magistero ecclesiastico.

Un terzo motivo di questo divario è da addebitare alla riflessione teologica, che non si è adeguata alla sensibilità culturale che si era andata maturando.

Per realizzare una teologia morale in sintonia con i tempi attuali bisogna collaborare con le altre scienze[4] ed insieme bisogna modificarne il procedimento semplicemente deduttivo fin qui seguito, facendolo sviluppare secondo un processo dinamico induttivo-deduttivo. Essa deve, cioè, capire la realtà e illuminarla, facendone una

---

[2] Cfr. J. RATZINGER, «Introduzione» in CONGREGAZIONE PER LA DOTTRINA DELLA FEDE, *Cura pastorale delle persone omosessuali*, Libreria Editrice Vaticana, Città del Vaticano, 1995, 9-10.

[3] Cfr. F. DOSTOJEVSKIJ, in I. FUCEK, *É vocazione all'amore la sessualità dell'uomo*, I, PUG, Roma 1996[3], 7-8.

lettura sapienziale sotto la guida dello Spirito Santo, così come è successo per la redazione dei primi dieci capitoli della Genesi[5].

Inoltre deve essere capace di formulare l'ideale restando fedele ai valori fondamentali e nello stesso tempo deve essere sensibile alle espressioni del vivere odierno: in particolare deve acquisire una visione più dinamica della natura umana, che il Concilio Vaticano II, staccandosi dalla visione statica della tradizione, ha indicato nella relazionalità[6].

Al fine di avere una chiara conoscenza – anche se non completa – riguardo alle tematiche sopra indicate, questa riflessione si svilupperà intorno a due argomenti.

Inizialmente verrà esaminato il significato di sessualità e verranno analizzati i singoli elementi che sono implicati in questo significato; in particolare si approfondirà il concetto di integrazione della sessualità, che si realizza nella dimensione e per il bene superiore della persona.

Successivamente tratteremo della valutazione morale del comportamento sessuale: delineeremo i criteri valutativi, analizzando in particolare il carattere e il valore delle norme morali concrete.

---

[4] Cfr. *GS* 44: *EV* 1/857-859.

[5] Cfr. S. BERNAL RESTREPO, Lezioni *Il rilancio della dottrina sociale della chiesa nel magistero di Giovanni Paolo II*, PUG, Roma 1999-2000.

[6] Cfr. *GS* 25: *EV* 1/815-817.

1. LA SESSUALITÀ

Nel passato i manuali di morale consideravano la sessualità in un senso restrittivo e la riservavano alle persone sposate. L'ideale delle persone non sposate stava nello sradicare ogni impulso e desiderio sessuale.

Oggi l'esperienza, le scienze del comportamento e la teologia intendono la sessualità in una accezione più ampia: essa influenza e condiziona ogni atto della persona in ogni momento della sua vita.

1.1. DIMENSIONE E DEFINIZIONE

L'uomo non ha ma è il corpo, anche se non è solo il corpo. La corporeità è, dunque, la soggettualità corporea dell'uomo. Ed è perciò il senso dell'essere uomo, anche se non ne è il senso in pienezza.

Come la corporeità è la soggettualizzazione e significazione del corpo, così la sessualità è la soggettualizzazione e significazione del sesso, che connota una realtà oggettuale e circoscritta.

La sessualità, come dimensione della persona, assume un carattere di polivalenza, in quanto si riferisce sia al corredo bio-istintuale e affettivo che a quello intellettivo e volitivo.

Si articola come piacere nella sua fase di impulso profondo, di eros in quella di emozione vibrante e di amore nella fase di sentimento costante. In tal modo possiamo parlare di sessualità a livello fisico, di sessualità a livello psichico – quella che attiene alla sfera dell'affettività – e infine di sessualità a livello spirituale.

La sessualità, ai tre livelli bio-psico-spirituale, è dimensione della persona integrale. Pertanto, quanto più questa è robusta, tanto più sana e autentica è la crescita della sessualità; viceversa tanto più la sessualità è vera, tanto più contribuisce allo sviluppo di una personalità matura.

Come abbiamo accennato, la sessualità non è da identificare con la genitalità: tutti i gesti d'amore che scaturiscono dal sentimento sono espressioni sessuate ma non investono direttamente la sfera genitale né scaturiscono immediatamente da essa[7]. Freud afferma che «bisogna distinguere nettamente tra i due concetti di sessuale e genitale. Il primo è più ampio e comprende molte attività che non hanno nulla a che fare con i genitali»[8].

La sessualità può essere definita come il modo specifico, in quanto maschi o femmine, di conoscere e rapportarsi, che ci consente di sentirci presenti e aperti a ciò che è altro da noi, in modo particolare un altro soggetto per superare la solitudine e vivere un progetto di vita.

La sessualità dunque favorisce lo sviluppo di una vita autentica, sollecitando ogni individuo a prendere coscienza della propria natura relazionale.

La sessualità, inoltre, promuove lo sviluppo della persona umana chiamandola all'integrazione intrapersonale e ad una costante creatività, cioè alla piena apertura alla vita, come attuazione delle potenzialità delle persone che interagiscono.

In tale attuazione avviene anche lo sviluppo dell'ambiente in cui le persone stesse

---

[7] Cfr. S. PALUMBIERI, *Antropologia sessuale. Presupposti per un'educazione sessuale*, SEI, Torino 1996, 50-53.

[8] S. FREUD, in S. PALUMBIERI, *Antropologia sessuale*, 54.

vivono, con la possibilità, nell'incontro tra un uomo e una donna, di porre in essere nuove vite nell'atto procreativo.

Considerando la sessualità come una chiamata alla crescita creativa ed integrativa, i cristiani sono aiutati in questo compito se terranno presente il comandamento dell'amore cristiano che garantisce il culmine di tale crescita[9], realizzatosi in Cristo e al quale è aperto e chiamato ogni uomo[10].

---

[9] Cfr. A. KOSNIK ET ALII, *La sessualità umana. Nuovi orientamenti nel pensiero cattolico americano*, Queriniana, Brescia 1978, 66-68.

[10] L'autocomunicazione da parte di Dio é diretta a tutti gli uomini: cfr. K. RHANER, *Corso fondamentale sulla fede. Introduzione al concetto di cristianesimo*, Paoline, Roma 1978[3], 177.

1.2. I FINI DELLA SESSUALITÀ

La dottrina cattolica sulla sessualità ha trovato una formulazione abbastanza precisa nel Codice di diritto canonico del 1917, per il quale il fine primario del matrimonio è la procreazione e l'educazione dei figli, e il fine secondario è l'aiuto vicendevole e il rimedio alla concupiscenza.

Il Concilio Vaticano II ha respinto la priorità del fine creativo su quello unitivo, insistendo sulla loro unità inseparabile e ha indicato nella persona umana il principio di integrazione e armonizzazione di queste due finalità[11].

Nel 1975 la «Dichiarazione sull'etica sessuale *Persona humana*» ha precisato ulteriormente questa linea di pensiero, qualificando il sesso come l'origine delle caratteristiche fondamentali della personalità e come un fattore determinante che ne condiziona lo sviluppo e l'inserimento della persona nella società[12].

Pertanto è opportuno ampliare la formulazione tradizionale dei fini della sessualità da procreativi e unitivi a creativi e integrativi; essa promuove una crescita creativa verso l'integrazione[13].

---

[11] Cfr. *GS* 48.51: *EV* 1/863-867.873-875.
[12] Cfr. *PH* 4: *EV* 5/1131-1133.
[13] Cfr. A. KOSNIK ET ALII, *La sessualità umana*, 66-67.

1.3. L'INTEGRAZIONE SESSUALE

L'atto sessuale è il frutto della simultanea operazione della facoltà sessuale e della facoltà volitiva: la facoltà sessuale deve essere disponibile a recepire la messa in atto che proviene dalla volontà, che vuole il bene intelligibile presente nell'atto sessuale; la volontà da parte sua deve essere disposta, orientata verso quel bene intelligibile.

Quando la facoltà sessuale segue docilmente la volontà si ha l'integrazione, la quale prende il nome di castità.

1.3.1. La castità

L'atto sessuale, nel suo compimento, non è esclusivamente un atto di volontà: esso coinvolge anche le facoltà psico-fisiche della persona. Nell'atto sessuale non esiste soltanto un bene intelligibile ma anche un bene sensibile, cioè l'istintiva attrazione dell'uomo verso la donna – e viceversa –,\ che porta verso l'appagamento del desiderio di completezza reciproca. È questa la dimensione erotica della sessualità, che è un movimento psichico e non della volontà.

Bisogna elevare un giudizio positivo sull'eros in quanto tale; infatti solamente perché si avverte questa bontà, la volontà può orientarsi verso di essa. Ma intanto è soltanto un bene sensibile; diventa invece un bene intellegibile quando si incontra con la volontà e si integra in essa. In tale operazione si realizza la virtù della castità. Se al contrario la volontà si integra nell'eros, sopravviene la schiavitù della persona.

La castità, in quanto virtù morale, intenziona l'eros verso la bontà intellegibile della sessualità umana – i fini – e poi verso quella scelta che realizza il bene intellegibile superiore della persona, che può richiedere o meno la messa in atto della facoltà sessuale.

1.3.2. Il pudore e la purezza

Le condizioni fondamentali perché la castità possa nascere, svilupparsi e radicarsi nell'eros umano, sono principalmente due: il pudore e la purezza dello sguardo interiore.

Il pudore è un'attitudine di difesa del proprio corpo in quanto espressione della persona. L'uomo privo di pudore non può essere casto, d'altra parte la persona pudica non è necessariamente casta.

Il pudore muove la persona a difendersi dal pericolo di essere deturpata nella e a causa della sua sessualità. La virtù non esiste per difendersi da un male, ma per realizzare un bene; dunque il pudore è una condizione della virtù e non una virtù: esso mette in allarme la persona, perché l'eros non diventi una forza autonoma, e quindi distruttiva della persona umana.

La purezza dello sguardo interiore è la seconda condizione fondamentale per la castità.

La conoscenza umana è sempre conoscenza dell'intellegibile nel sensibile, è capacità di intra-vedere qualcosa che sta oltre l'esperienza sensibile. E questo costa fatica. L'uomo deve fare uno sforzo per vedere nelle persone che incontra non il bene sensibile soltanto, ma al di sopra, come in ogni altro bene sensibile, la loro realtà intellegibile: deve appunto tenere puro il suo sguardo interiore.

L'amore del bene intellegibile della persona che si incontra si esprime in questo: il linguaggio erotico che si realizza non si può impedire, ma si può arrestare, consentendo alla volontà di integrarlo nel suo proprio movimento.

1.3.3. La continenza

Un'altra attitudine spirituale connessa con la castità, è la continenza. Si tratta di un'attitudine di dominio dei propri movimenti, concretamente consiste nel non esercitare la propria facoltà sessuale.

Ci sono situazioni nelle quali l'amore del bene intellegibile della sessualità umana esige una lunga astinenza. In tali casi, data la fragilità della persona umana, è molto facile che ci siano momenti in cui venga a mancare la virtù della castità, per cui la continenza ne diventa una necessaria alleata.

La continenza da una parte esprime la non perfetta integrazione dei movimenti psico-fisici della sessualità nei movimenti spirituali, e questo spiega un movimento contro di essi per dominarli. Dall'altra esprime che la bontà intellegibile della sessualità umana è stata realizzata solo nella volontà: nella persona casta quella bontà è stata espressa in tutta la persona[14].

[14] Cfr. C. CAFFARRA, *Etica generale della sessualità*, Ares, Milano 1992, 57-61.

2. LA VALUTAZIONE MORALE
DEL COMPORTAMENTO SESSUALE

La Tradizione cattolica nel valutare un determinato comportamento morale, specie in campo sessuale, ha dato una grande importanza alla natura morale oggettiva dell'atto stesso.

Questo approccio era influenzato da un'eccessiva semplificazione della dottrina di San Tommaso e dall'ottica negativa dei manuali di morale sessuale, ossessionati dalla visione del peccato e preoccupati di dare norme chiare.

2.1. IL PROBLEMA DELLA VALUTAZIONE

Le risultanze bibliche, storiche e scientifiche, oggi sollevano gravi obiezioni riguardo al predetto approccio.

Tanto il Vecchio quanto il Nuovo Testamento si rifanno più ai valori della persona che alla materialità dell'atto. Le molteplici distinzioni morali introdotte nei libri penitenziali del medioevo per giudicare una medesima mancanza materiale in campo sessuale, confermano che ci sono criteri di valutazione che trascendono l'atto stesso. I dati ricavati dalle scienze empiriche, rilevano che c'è una differenza significativa tra un'attività sessuale praticata in un contesto di affetto e di dedizione, e la stessa attività consumata in un contesto occasionale e privo d'amore.

È per questo che gli orientamenti attuali danno più importanza all'atteggiamento che all'atto, più significato ai fattori interpersonali che a quelli individuali.

Per contro, secondo altri autori non esiste affatto un contenuto oggettivo per quanto riguarda la condotta sessuale. Essa deriva il suo significato soltanto dalle intenzioni e motivazioni dell'interessato, anche se esse debbono scaturire dall'imperativo dell'amore proposto da Cristo. In tal modo però si avrebbe una morale del tutto relativizzata e facilmente mutevole, e inoltre trascurerebbe le implicanze sociali e comunitarie del comportamento sessuale.

Per un'adeguata valutazione morale del comportamento sessuale, è dunque necessario considerare tanto le componenti oggettive che quelle soggettive. Inoltre bisogna riconoscere la complessità e l'unità della persona, ed evitare di stabilire priorità gerarchica tra creatività ed integrazione. Infine bisogna essere consapevoli della dimensione interpersonale di questa esperienza[15].

---

[15] Cfr. A. KOSNIK ET ALII, *La sessualità umana*, 68-70.

2.2. I LIVELLI DI VALUTAZIONE

Quanto abbiamo appena detto, corrisponde alla raccomandazione fatta dal Concilio Vaticano II, secondo la quale la natura della persona umana e dei suoi atti forniscano il principio fondamentale di valutazione morale della sessualità[16]: è infatti proprio della natura umana armonizzare e integrare le categorie intrapersonali ed interpersonali della sessualità.

Questo principio valutativo basale, che come abbiamo già visto riporta il comando dell'amore cristiano alla sfera della sessualità[17], da una parte deve essere al servizio della persona e armonizzato con la sua dignità: la sessualità «riguarda l'intimo nucleo della persona umana»[18].

Dall'altra esprime che l'agire della persona, per essere morale, non può avanzare esigenze contrarie al vero significato della natura fisica dell'uomo[19].

Il secondo livello di valutazione morale è dato dall'identificazione dei valori collegati con la sessualità, che servono a chiarire ulteriormente il principio fondamentale della crescita creativa verso l'integrazione. Questi valori richiedono che la sessualità sia: liberante, altruista, sincera, fedele, socialmente responsabile, aperta

---

[16] Cfr. *GS* 51: *EV* 1/873-875.
[17] Cfr. *FC* 11: *EV* 7/1409-1411.
[18] *FC* 11: *EV* 7/1411.
[19] Cfr. C. ZUCCARO, *Morale Fondamentale*, EDB, Bologna 1995, 94.

alla vita e gioiosa. Certamente tali valori non possono essere realizzati tutti in misura uguale e in ogni espressione sessuale, ma la violazione sostanziale di uno di essi può compromettere seriamente il principio fondamentale di valutazione morale della sessualità.

Un terzo livello di valutazione morale consiste in norme, regole, prescrizioni e direttive più concrete. Esse cercano di ricavare dall'esperienza cristiana quali siano le modalità di comportamento più idonee ed efficienti, per realizzare questi valori e quindi promozionali nei confronti della creatività e dell'integrazione.

Se la loro formulazione è adeguata, se, cioè, esse tengono conto delle intenzioni e circostanze particolari in cui la norma si deve applicare, esse forniscono una guida utile per prendere una decisione moralmente responsabile, specialmente in situazioni di dubbio[20].

Quando la loro formulazione riveste un carattere di obbligatorietà assoluta e universale, come nel caso del divieto della contraccezione, si viene allora a creare una problematica particolare; ne parleremo nel paragrafo successivo, in cui tratteremo dell'ultimo livello valutativo del comportamento sessuale.

[20] Cfr. A. KOSNIK ET ALII, *La sessualità umana*, 74-75.

2.3. La decisione morale

L'ultimo livello di valutazione morale è la concreta decisione dell'individuo secondo la propria coscienza retta, che va rispettata[21], anche se può essere erronea in quanto non è veritiera[22].

Emerge già da questa espressione la possibilità di un cammino graduale verso la perfezione della legge. Pertanto si ritiene opportuno, prima di approfondire la questione della decisione morale concreta, trattare brevemente di questo argomento ed inoltre dell'opzione fondamentale, nel cui ambito si muove l'opzione particolare.

2.3.1. L'opzione fondamentale

L'azione concreta è l'espressione dell'opzione fondamentale, che riguarda la scelta in rapporto all'insieme dell'esistenza per la cui realizzazione la persona si impegna incondizionatamente. Se l'opzione fondamentale è l'amore ad ogni costo, cioè la carità, ogni azione concreta sarà veramente libera nella misura in cui è espressione di carità.

È importante rilevare che in questo processo l'uomo fa esperienza dell'impotenza a

[21] Cfr. *DH* 3: *EV* 1/583-585. Bisogna anche valutare, pastoralmente, nella carità, se è il caso di turbare o meno la buona fede di colui che vive nello stato di coscienza erronea: cfr. J. Fucek, Lezioni *Sessualità, matrimonio, famiglia*, PUG, Roma, 1999-2000.

[22] Cfr. *CCC* 1783-1794: 456-458.

realizzarsi nei suoi progetti con le sue sole forze, nonché dell'impotenza a perdonarsi da se stesso[23]. È nel desiderio di superare questa esperienza che la conoscenza trascendentale dell'uomo, in se atematica, assume la modalità ultima per la quale è stata creata, cioè una struttura soprannaturale, in cui si realizza l'autocomunicazione di Dio come rifugio di verità ultima, di perdono, di possibilità di vita[24]. È nel prendere coscienza di questi avvenimenti, che si realizza la conoscenza trascendentale riflessa di Dio.

Per conservare l'opzione fondamentale della carità, che verticalmente ci lega con Dio, al di là della singola azione concreta, che pure esercita il suo influsso, bisogna anche attuare tutte quelle strategie spirituali che ne impediscono il decadimento o perfino la morte.

Non è il peccato mortale che cambia l'opzione fondamentale, esso invece manifesta che l'opzione fondamentale è già cambiata[25].

[23] Cfr. O. BERNASCONI, «Peccatore/peccato», in S. DE FIORES - T. GOFFI (edd.), *Nuovo dizionario di spiritualità*, Paoline, Roma 1979, 1199.
[24] Cfr. K. RHANER, *Corso fondamentale sulla fede*, 182.
[25] Cfr. C. ZUCCARO, Lezioni *Sessualità umana e riflessione morale*, PUG, Roma 1999-2000.

2.3.2. La legge della gradualità

La norma morale concreta, in quanto considerata assoluta e universale, richiede che sia osservata. D'altra parte, a motivo della libertà umana che è limitata[26], viene previsto da parte del Magistero un cammino di formazione al fine di raggiungere la piena attuazione della norma proposta.

Lo stesso Magistero, però, avverte che non si deve guardare alla legge solo come ad un puro ideale da raggiungere in futuro, bisogna invece considerarla come un comando del Signore che richiede di superare con impegno le difficoltà.

Perciò la cosiddetta legge della gradualità, o cammino graduale, non può identificarsi con la gradualità della legge, come se ci fossero vari gradi e varie forme di precetto nella legge divina per uomini e situazioni diverse.

Viene inoltre specificato, ancora da parte dello stesso Magistero, che bisogna impegnarsi sinceramente a porre le condizioni necessarie per osservare questa norma[27].

La formulazione suggerisce chiaramente che non si tratta soltanto di forza di volontà, cioè di reprimere direttamente l'impedimento. Bisogna invece impegnarsi riguardo a quelle condizioni che renderanno possibile l'attuazione del retto comportamento richiesto.

---

[26] Cfr. B. KIELY, Dispense *Psicologia e morale sessuale*, PUG, Roma 1999-2000, 132.

Tali condizioni si possono individuare nella preghiera, in una maggiore disciplina o equilibrio nella vita in generale, nella prudenza quanto alle occasioni di peccato, condizioni queste che sono abbastanza praticabili[28].

2.3.3. Il valore della norma morale concreta

La norma morale non è un fine ma un mezzo per vivere categorialmente l'opzione fondamentale, che quando è matura include anche il rapporto con Dio, anzi fa riferimento costante al rapporto con Dio.

Ciò, per un verso, comporta che non è sufficiente essere conformi alla norma materiale del Magistero per ritenersi sicuri della correttezza morale del proprio agire. Infatti, al destinatario della norma, rimane sempre uno spazio di ulteriore approfondimento[29], al fine di cogliere nell'*hic et nunc* quella verità che corrisponde alla volontà di Dio, assolutamente vincolante[30] e liberante[31].

D'altra parte, per le ragioni che abbiamo indicato al paragrafo precedente, si può

---

[27] Cfr. *FC* 34: *EV* 7/1469-1473.
[28] Cfr. B. KIELY, *Psicologia e morale sessuale*, 133.
[29] Cfr. *FR* 68: *EV* 17/1019. Pure cfr. K. DEMMER, *Introduzione alla teologia morale*, PIEMME, Casale Monferrato 1995², 83.
[30] Cfr. *SRS 38*: *EV* 10/1785-1789.
[31] Cfr. *VS* 42: *EV* 13/1395-1397.

verificare uno scostamento rispetto all'osservanza della norma morale concreta.

Può avvenire, questo, quando la coscienza, come già abbiamo detto, è retta ma non veritiera.

Può avvenire, pure, in quelle situazioni difficili in cui manca la pienezza della libertà, e allora entra in campo la legge della gradualità di cui abbiamo parlato sopra.

Può avvenire, ancora, per «dissenso»: la dottrina tradizionale della Chiesa sul valore della coscienza, ritenuta come giudice in ultima istanza delle valutazioni morali della persona, prevede la possibilità di un dissenso prudente, cioè competente e motivato, nei confronti della dottrina proposta dal Magistero in modo solenne e autentico ma non dogmatico[32].

Può avvenire, infine, allorquando si verificano evenienze drammatiche. In tali casi eventuali comportamenti difformi dalle indicazioni della norma morale, «anche se restano oggettivamente disordinati e quindi non pienamente giustificabili in se stessi, potranno essere di fatto soggettivamente difendibili, cioè non soggettivamente colpevoli, almeno nella misura in cui scaturiscono non da una scelta di egoismo, ma da difficoltà praticamente insuperabili»[33].

«Le particolari circostanze cha accompagnano un atto umano oggettivamente cattivo, mentre non possono trasformarlo in atto oggettivamente virtuoso, possono renderlo

---

[32] Cfr. G. GATTI, *Morale sessuale. Educazione dell'amore*, ELLE DI CI, Torino-Leumann 1985, 151.

[33] G. GATTI, *Morale sessuale,* 157.

incolpevole o meno colpevole o soggettivamente difendibile»[34].

Al riguardo, ma anche per tutto ciò che attiene a questo paragrafo, vogliamo pure ricordare quanto viene affermato dal *Catechismo della Chiesa Cattolica*: «L'imputabilità e la responsabilità di un'azione possono essere sminuite o annullate dall'ignoranza, dall'inavvertenza, dalla violenza, dal timore, dalle abitudini, dagli affetti smodati e da altri fattori psichici oppure sociali»[35].

---

[34] Sacra Congregazione per il Clero, in G. Gatti, *Morale sessuale*, 157.
[35] *CCC* 1735:447.

CONCLUSIONE

Riguardo alla competenza del Magistero della Chiesa ad emanare delle norme morali concrete, si deve osservare innanzi tutto che la Chiesa, come dice già il Concilio di Trento, può non solo legiferare ma addirittura definire *in rebus fidei et morum.*

Quanto alla sostanza della questione, se bisogna convenire che i giudizi morali nell'ambito dell'etica normativa sono proposizioni vere, la cui validità non deriva dall'autorità del Magistero, quanto piuttosto dalla verità stessa[36], bisogna accettare che Dio, il quale è la Verità e il Mistero *fascinans e tremens*, possa farci conoscere la verità morale in modo profetico, e nella Sacra Scrittura e nel Magistero, anche se bisogna distinguere tra verità e significato[37].

In realtà il Magistero, rispetto alla verità morale, gode di una comprensione ad un tempo razionale e di fede, e inoltre gode dell'assistenza dello Spirito Santo, per cui è in condizione e nel dovere di pronunciarsi profeticamente riguardo alle verità morali direttamente connesse al fine soprannaturale dell'uomo e al *depositum fidei*, nonchè di interpretare autorevolmente le verità morali che si trovano nella Rivelazione[38].

---

[36] Cfr. C. ZUCCARO, *Morale Fondamentale*, 141.
[37] Cfr. *FR* 94: *EV* 17/1069.
[38] Cfr. C. ZUCCARO, *Morale Fondamentale*, 139.

L'esercizio magisteriale si può paragonare alla massima attuazione della *recta ratio*: essa soltanto ci fa conoscere categorialmente la verità insieme all'imperativo della carità, che ci spinge a donarci fino alla morte e alla morte di croce.

E la *recta ratio* si può far corrispondere alla legge naturale – così in realtà è successo per l'*Humanae vitae*[39] – in quanto essa è presente nella conoscenza trascendentale dell'uomo che, come abbiamo visto sopra, è presente in ogni uomo anche se si tematizza, cioè si ristruttura in modo soprannaturale, soltanto allorquando l'uomo si apre all'autocomunicazione di Dio.

In tale prospettiva l'interpretazione morale, fatta dalla Chiesa, se riconosciuta pacificamente come verità razionale, produrrebbe diversi frutti.

Innanzi tutto, per il teologo moralista, tale interpretazione diventerebbe traguardo da raggiungere attraverso una riflessione più chiara e accurata, tale dunque da segnare uno sviluppo e conoscitivo e metodologico, e da farla avanzare verso l'oggetto proprio della sua ricerca che è la Verità[40].

Poi, per il cristiano anonimo[41] diventerebbe segno della presenza divina nella Chiesa e dunque via per un pieno riconoscimento di quel Dio che a lui si è autocomunicato, ma

---

[39] Cfr. *HV* 4: *EV* 3/283-285.
[40] Cfr. *FR* 92: *EV* 17/1065-1067.
[41] Cfr. *FR* 70: *EV* 17/1021-1023.

che si è rivelato con fulgore nel Figlio incarnato.

Infine, per colui che non vive ancora la comunione con Dio, neanche in modo inconsapevole, in quanto ancora non vive la carità, ma è alla ricerca della verità, l'interpretazione della Chiesa, che implica sempre l'amore crocifisso – unica possibilità di amare su questa Terra –, diventerebbe momento di dialogo e di «nuova evangelizzazione»[42].

---

[42] Cfr. *FR* 102-103: *EV* 17/1081-1083.

BIBLIOGRAFIA

KOSNIK A. ET ALII, *La sessualità umana. Nuovi orientamenti nel pensiero cattolico americano*, Queriniana, Brescia 1978, 61-75.

CAFFARRA C., *Etica generale della sessualità*, Ares, Milano 1992, 51-66.

CUYAS M., «Omosessuali: comprensione e verità», *Rassegna di Teologia* 31 (1990), 502-509.

ERBER M., «Sessualità: cognizioni biologiche-antropologiche senza conseguenze nel pensiero e prassi della chiesa cattolica», *Concilium* 10 (1974), 80-92.

HARING B., *Liberi e fedeli in Cristo. Teologia morale per preti e laici*. II. *La verità vi farà liberi*, Paoline, Roma 1980, 654-662.

LACROIX X., *Il corpo di carne. La dimensione etica, estetica e spirituale dell'amore*, EDB, Bologna 1996, 267-282.

PALUMBIERI S., *Antropologia sessuale. Presupposti per un'educazione sessuale*, SEI, Torino 1996, 48-68.

PIANA G., «Orientamenti di etica sessuale», in GOFFI T. – PIANA G. (edd.), *Corso di Morale*, II, Queriniana, Brescia 1983, 314-317.

VIDAL M., *Etica della sessualità*, SEI, Torino 1993, 111-122.

INDICE

Printed by Books on Demand GmbH, Norderstedt / Germany